Mantegna

N. D'Anvers

Writat

Diese Ausgabe erschien im Jahr 2023

ISBN: 9789359941813

Herausgegeben von
Writat
E-Mail: info@writat.com

TAFEL I. – DIE MADONNA DELLA VITTORIA. Frontispiz

(Im Louvre)

Diese wunderschöne Komposition gilt als eines der größten Meisterwerke Mantegnas und wurde 1495–96 zum Gedenken an den Sieg gemalt, den der Marquis von Mantua am 6. Juli 1494 in Fornovo als Generalissimus der vereinten italienischen Streitkräfte errang. Es befindet sich heute im Louvre in Paris, nachdem es 1797 von den Franzosen verschleppt wurde.

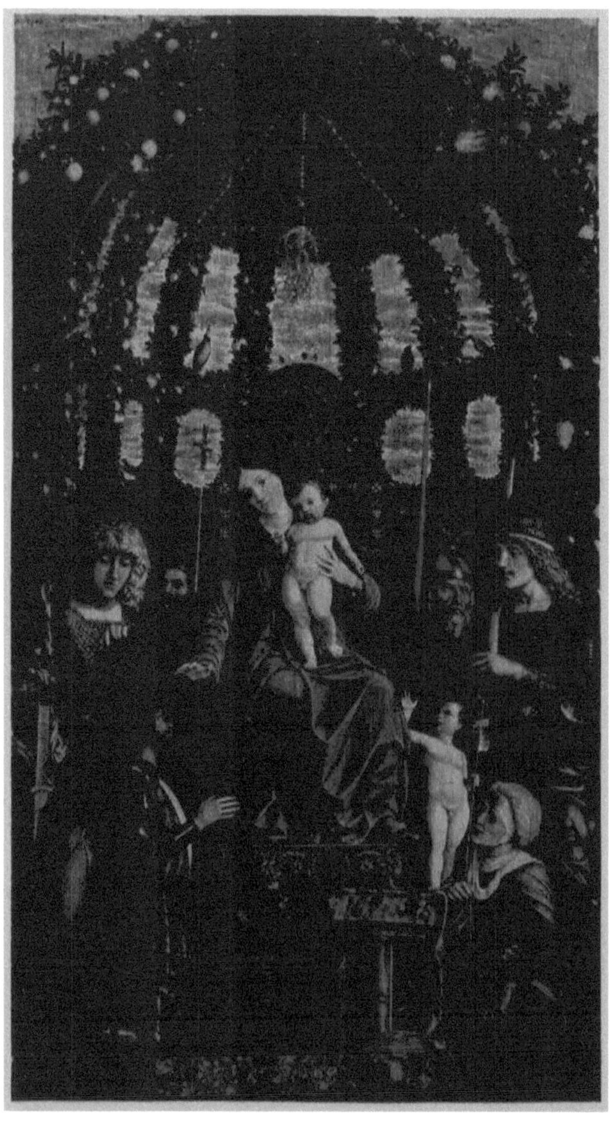

MANTEGNA

VON FRAU. ARTHUR BELL

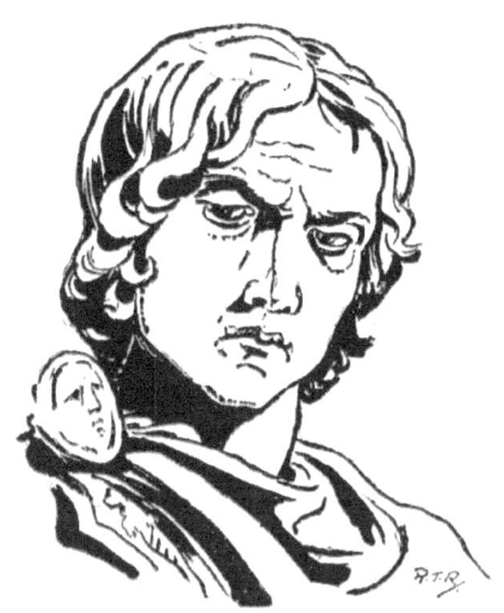

Geboren in einer Zeit außergewöhnlicher intellektueller und ästhetischer Aktivität, als der italienische Humanismus sich seiner vollen Entwicklung näherte und die Kunst der Malerei nach einem langwierigen Kampf mit mechanischen Schwierigkeiten endlich eine fast vollständige Beherrschung ihrer Medien mit echtem Verständnis erlangt hatte Andrea Mantegna gilt mit Fug und Recht als Vertreter der lange vernachlässigten Wissenschaft der Perspektive und war ein wahrer Vertreter der Frührenaissance in Italien, ein ernsthafter Kämpfer in dem mühsamen Kampf um Gedanken- und Ausdrucksfreiheit, in dem sich so viele seiner begabten Kollegen befanden. Landsleute waren verlobt. Er war ein wahrer Seelenverwandter seines größeren Zeitgenossen Donatello, mit dem er enger verbunden war als mit jedem anderen Maler. Das Hauptmerkmal seiner Arbeit war die plastische und nicht die malerische Behandlung der Form. Er war wie dieser von Anfang an von ihm durchdrungen mit einer ehrfürchtigen Liebe zur Wahrheit und dem gewissenhaften Wunsch, sie getreu zu interpretieren. Mantegna wurde in der Tat manchmal vorgeworfen, den berühmten Bildhauer zu sehr nachgeahmt zu haben, aber das ist offensichtlich ungerecht, denn obwohl es keinen Zweifel daran gibt, dass er Donatello viel zu verdanken hat, der ihn als erster auf den richtigen Weg geführt hat Indem er ihm zeigte, wie man die Natur studieren sollte, liegt das Geheimnis der starken Ähnlichkeit zwischen den Stilen der beiden Meister darin, dass beide sich von derselben Quelle inspirieren ließen: den besten existierenden

Beispielen antiker Skulpturen, die ihnen als der edelste erhaltene Ausdruck erschienen des Ideals im Realen.

Nach Ansicht einiger Autoritäten war Vicenza der Geburtsort von Mantegna, während andere diese Ehre für Padua beanspruchen; aber alle stimmen darin überein, dass er im Jahr 1431 geboren wurde. Über seine Eltern ist kaum etwas bekannt, aber es wird allgemein angenommen, dass sie in Padua starben, als Andrea noch ein kleines Kind war, und es ist sicher, dass der Waisenjunge sofort adoptiert wurde vom Künstler Francesco Squarcione , der ihn in seinem eigenen Haus aufnahm und seine künstlerische Ausbildung begann. Die wahren Beziehungen zwischen ihm und seinem Pflegevater sind jedoch sehr unklar, und die Kritiker gehen darüber sehr unterschiedlich aus; Aber es ist sehr offensichtlich, dass die Geschmäcker und Ambitionen der beiden Künstler nie wirklich im Einklang waren, obwohl die Dankbarkeit für die Freundlichkeit, die er erhielt, als er allein auf der Welt war, Mantegna lange von einem offenen Bruch mit dem Beschützer seiner Kindheit abhielt. Die Wahrscheinlichkeit ist groß, dass Squarcione , dessen Werk, gemessen an den wenigen erhaltenen Exemplaren, von sehr mittelmäßigem Charakter war, lediglich der nominelle Leiter einer Bottega oder eines Ateliers war, in dem Maler von weitaus größerer Bedeutung als er selbst arbeiteten, darunter auch Jacopo Bellini waren Gastmeister. Wie auch immer das gewesen sein mag, es ist sicher, dass mehrere hundert Studenten zu verschiedenen Zeiten unter seinem Dach waren, und ob sie nun viel von ihm lernten oder nicht, sie hatten den Vorteil, die Zeichnungen nach der Antiquität zu sehen, die er mitgebracht hatte begleitete ihn von den Reisen, die er gerne nach Griechenland und in die italienischen Städte unternahm, die Sammlungen klassischer Skulpturen besaßen.

TAFEL II. – DIE ANBETUNG DER KÖNIGE

(In den Uffizien, Florenz)

Die zentrale Komposition eines Triptychons, das sich heute in den Uffizien in Florenz befindet und zu Mantegnas zweiter Periode der Kunstentwicklung gehört. Es soll um 1464 für die Kapelle des Castello in Mantua gemalt worden sein.

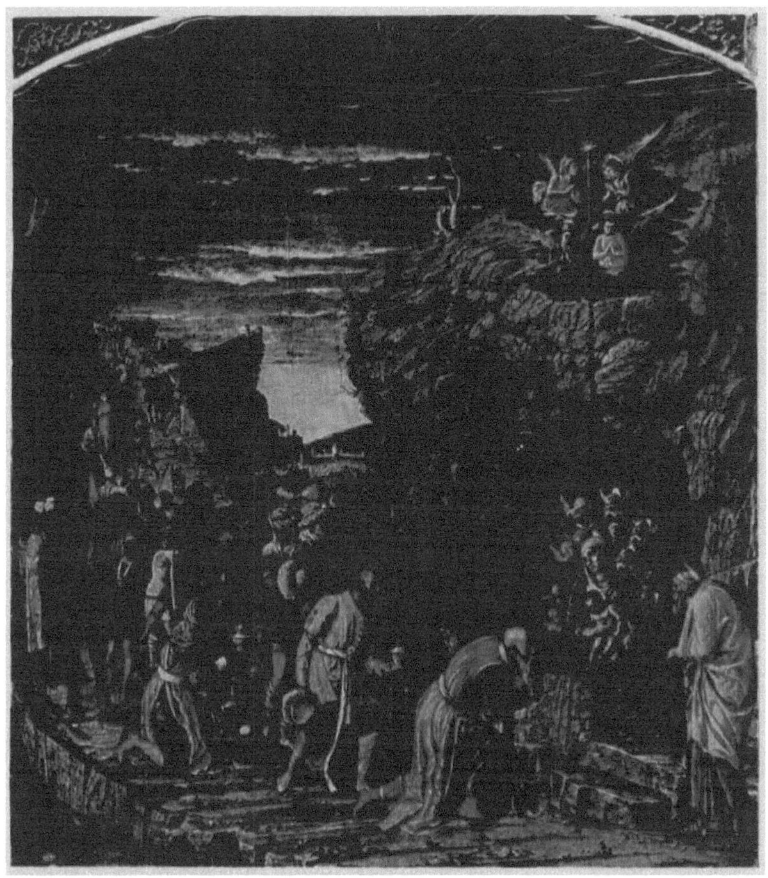

Dass Andrea schon früh ein bemerkenswertes Talent zeigte, wird dadurch bewiesen, dass er bereits im Alter von zehn Jahren zum Mitglied der Gilde der Paduaner Künstler ernannt wurde, zu der alle führenden Maler, Bildhauer und Handwerker der Stadt gehörten, und mit denen er in Verbindung stand Sie müssen viel zur Förderung seiner künstlerischen Entwicklung beigetragen haben. Tatsächlich war er von Anfang an von inspirierenden Einflüssen umgeben, denn Padua mit seiner 1222 gegründeten noblen Universität war seit langem führend in der antiquarischen Forschung und begann als literarisches Zentrum bereits mit Florenz und Venedig zu konkurrieren und künstlerische Tätigkeit. Der malerische mittelalterliche Palast mit seinem prächtigen Dach aus dem 15. Jahrhundert, die schöne Basilika S. Antonio und die Cappella di S. Giorgio, beide geschmückt mit den Fresken von Altichiero und Alvanzo , und vor allem die Cappella di Sta. Maria dell' Arena, bereichert mit den wunderbaren Kreationen Giottos, muss für den begeisterten jungen Maler eine Quelle ständiger Freude und Ansporn zur Nachahmung gewesen sein; obwohl

Donatello, der ihm den letzten Impuls in die richtige Richtung geben sollte, noch nicht nach Padua gekommen war, um die prächtigen Flachreliefs des Hochaltars von S. Antonio und die noch bemerkenswertere bronzene Reiterstatue von San Antonio in die Hand zu nehmen Gattamelata , das einen neuen Aufbruch in der modernen realistischen Skulptur einläuten sollte.

Über das erste Treffen zwischen dem erfahrenen Bildhauer, der bei seiner Ankunft in Padua im Jahr 1443 in seinem achtundfünfzigsten Lebensjahr war, und dem jugendlichen Maler gibt es keine Aufzeichnungen; aber es besteht kein Zweifel, dass letzterer das Privileg hatte, das Wachstum der S. Antonio-Skulpturen zu beobachten und den Diskussionen über sie und ihren Autor zuzuhören, die unter den Meistern und Studenten in der Bottega von Squarcione stattfanden . Von seinem ersten Auftritt an dominierte Donatello die Kunstwelt der Universitätsstadt, seine Persönlichkeit und sein Werk erregten überall größte Begeisterung. Die Aufmerksamkeit, die ihm entgegengebracht wurde, war in der Tat so überwältigend, dass er sich allen Einladungen zum Bleiben widersetzte, nachdem er die eigentlich versprochene Arbeit vollendet hatte, und noch bevor seine monumentale Skulptur aufgestellt war, floh er aus der Atmosphäre der Verehrung die er in seiner Heimatstadt Florenz verbrachte, wo er, um seine eigenen Worte zu zitieren, „kontinuierlich getadelt“ wurde. Er befand sich jedoch immer noch in Padua, als Mantegna 1446 seinen ersten unabhängigen Auftrag fertigstellte, eine „Madonna in Glory“ für S. Sofia, die heute verschollen ist, von der es aber heißt, dass sie für einen Jungen, der noch in seinem Alter war, eine wundervolle Produktion gewesen sei Teenager, die deutlich den Einfluss von Donatello und Jacopo Bellini verraten, aber dennoch eine ausgeprägte eigene Individualität aufweisen.

Der „Madonna in Glory“ sollen weitere Kompositionen ähnlicher Art gefolgt sein; Das früheste signierte Werk von Andreas Hand ist jedoch ein Fresko aus dem Jahr 1452 über der zentralen Tür von S. Antonio, das die Heiligen Antonius und Bernardino darstellt, die einen Kranz mit dem Monogramm Christi hochhalten. Darin sowie im Polyptychon von „St. Lukas“, jetzt in der Brera-Galerie, Mailand, – das eine leichte Affinität zu den Vivarini verrät –, die „Präsentation im Tempel“ des Berliner Museums und die „Anbetung der Heiligen Drei Könige“ in der Sammlung von Lady Ashburton – alle zwischen 1452 und 1455 entstanden – fallen bereits die naturalistische Behandlung der Form, die Plastizität der Modellierung und die Düsterkeit auf Farbgebung , die von Anfang bis Ende charakteristisch für Mantegna war, mit einer Andeutung der würdevollen Zurückhaltung und des feierlichen Rhythmus der Bewegung, die später seinen Stil weiter auszeichneten. Auffällig ist zudem, dass es sich bei den beiden letztgenannten, aber auch bei anderen frühen Darstellungen der Jungfrau und des Heiligen Kindes, etwa im Poldi-Pezzoli-Museum, Mailand, um die rein menschliche Beziehung zwischen der liebenden Mutter handelt und ihr hilfloses Kleines, das mit größter Gewalt herausgebracht wird, ohne jegliche Andeutung eines Übernatürlichen. In der „Darstellung im Tempel" klammert sich Maria an das Kind, als wollte sie es nicht für einen Moment aus ihren Armen lassen, und in der „Anbetung" drückt ihr Gesicht eine zarte Sehnsucht aus, die unendlich rührend ist; wohingegen in späteren Heiligen Familien aus derselben Hand das Jesuskind immer distanzierter und würdevoller wird, bis es schließlich wie ein junger Gott erscheint, der sich seiner rettenden und segnenden Macht bewusst ist, während seine Mutter in den Hintergrund tritt.

Aus technischer Sicht vielleicht wichtiger als diese eigenständigen Ölgemälde ist die Reihe von Fresken in der Eremitani- Kapelle, in denen sich die allmähliche Entwicklung von Mantegnas Stil deutlich verfolgen lässt. In ihnen bewies er zum ersten Mal, dass er in der Lage war, ein umfassendes und aufwändiges Dekorationsschema erfolgreich umzusetzen, wobei jede Komposition mit ihrem passenden Rahmen, obwohl sie für sich genommen vollständig war, zur Gesamtwirkung des Ganzen beitrug. Wann genau das große Unternehmen begonnen wurde, ist nicht bekannt, aber es wird angenommen, dass der Auftrag dafür um 1452 an Squarcione erteilt wurde und die Ausführung von ihm Mantegna anvertraut wurde, der 1448 eine Vereinbarung unterzeichnet hatte, die ihn an seinen Dienst bindet langjähriger Pflegevater. In einem Testament vom 5. Januar 1443 wurde die Kapelle der Eremitani von ihrem damaligen Besitzer Antonio degli vermacht Ovetari an Jacopo Leone, unter der Bedingung, dass nach dem Tod des Erblassers siebenhundert Golddukaten für die Ausschmückung mit Szenen aus dem Leben der Heiligen Jakobus und Christophorus ausgegeben werden. Die Untertanen und möglicherweise auch die Positionen, die sie einnehmen sollten, wurden also im Voraus festgelegt; und aus internen Beweisen geht hervor, dass nicht alle Fresken von Mantegnas eigener Hand stammen, sondern sein Geist sie alle dominiert, und auch diejenigen, für die er allein verantwortlich ist, insbesondere das „St. „Jakobus führte zur Hinrichtung", das „Martyrium" und das „Begräbnis des heiligen Christophorus" stellen sowohl im Design als auch in der technischen Ausführung einen großen Fortschritt gegenüber allem dar, was ihr Autor bisher geschaffen hat. Im ersten Mal näherte sich Mantegna im Ausdruck der Bewegung mehr als zuvor Donatello und zeigte große Geschicklichkeit darin, die Aufmerksamkeit auf die Figur des Märtyrers zu lenken, der innehält, um einen lahmen Mann zu segnen und zu heilen, der zu seinen Füßen kniet, die Soldaten bleiben stehen, um zuzusehen, und die Zuschauer drehen sich um, um zu sehen, was die Prozession verzögert. Auch das „Martyrium" und die „Beerdigung des Heiligen Christophorus" sind auffallend dramatisch und bieten sehr anschauliche Darstellungen der Schlussszenen des langwierigen Todeskampfes des zweifachen Märtyrers, der, wie sich herausstellte, noch am

Leben war, als er hätte leben sollen wurden erschossen; aber leider sind beide Kompositionen so stark verunstaltet, dass es schwierig ist, sich eine wahre Vorstellung davon zu machen, was sie ursprünglich waren.

Eremitani- Fresken arbeitete , die 1455 fertiggestellt worden sein sollen, fielen aus persönlicher Sicht mit der interessantesten Zeit im Leben des Künstlers zusammen. Im Jahr 1453 verlobte er sich mit der einzigen Tochter von Jacopo Bellini, Nicolasia , die er seit ihrer Kindheit kannte und mit der er schon lange verbunden war. Er heiratete sie 1455, und das junge Paar begann offenbar unter sehr glücklichen Vorzeichen ein gemeinsames Leben; Über ihr Werben oder ihre späteren Erfahrungen ist jedoch wenig bekannt. Leider ist es auch nicht möglich, die Persönlichkeit der Braut auch nur annähernd realistisch wiederzugeben, denn obwohl sie sicherlich oft für ihren Vater, Ehemann und ihre Brüder posierte, kann ihr Porträt in keiner ihrer Kompositionen identifiziert werden. Dass sie schön und charmant war, wird allgemein als selbstverständlich angesehen, dass sie die ästhetische Begabung teilte, mit der die anderen Mitglieder ihrer Familie so reich ausgestattet waren, ist mehr als wahrscheinlich, und dass sie Mantegnas gute Ehefrau war, wird übrigens durch die Tatsache bewiesen dass seine Geldschwierigkeiten erst nach ihrem Tod begannen; aber das ist alles, was man über sie sagen kann. Es ist viel einfacher, sich vorzustellen , wie der Bräutigam aussah, denn Andrea hat sich den Zuschauern im „Martyrium des Heiligen Christophorus" und im späteren „Begegnung zwischen Lodovico Gonzaga und seinem Sohn, Kardinal Francesco" der Camera degli vorgestellt Sposi in Mantua, in denen der Maler als gutaussehender, vornehm aussehender Mann auftritt, dessen etwas strenge Gesichtszüge, in denen sich jedoch nicht die Reizbarkeit erkennen lässt, die einige seiner Zeitgenossen ihm vorwarfen, denen von sehr ähneln die schöne Bronzebüste ungewisser Urheberschaft, die 1560 von einem seiner Enkel vor seiner Leichenkapelle in S. Andrea, Mantua, aufgestellt wurde.

TAFEL III. – PORTRÄT EINES MITGLIEDS DER FAMILIE GONZAGA

(Im Palazzo Pitti , Florenz)

Dieses schöne Porträt, das sich heute im Pitti -Palast in Florenz befindet, stellt eines der Mitglieder der Familie Gonzaga dar, die in den berühmten Fresken Mantegnas, die die Camera degli schmückten, vorgestellt wurden Sposi und andere Wohnungen im Castello von Mantua.

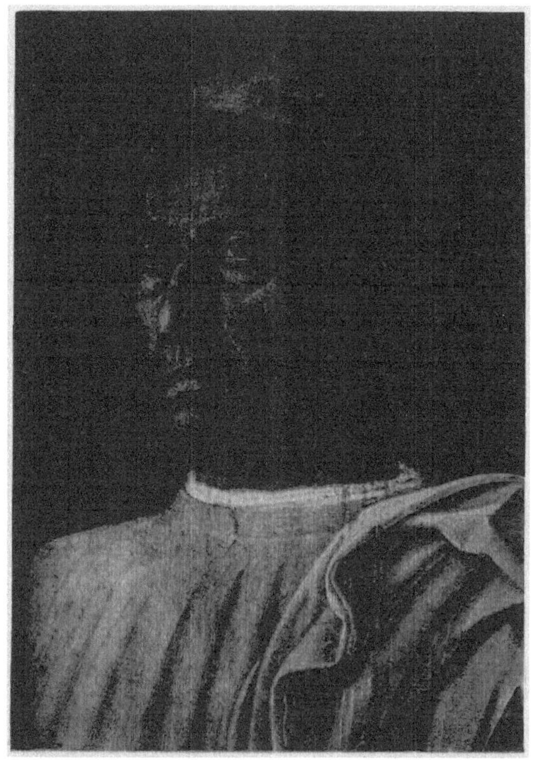

Fast der einzige Kommentar, den die Mantegna-Biographen zu seiner Ehe machten, ist, dass der Einfluss von Jacopo Bellini auf seinen Stil nach der Ehe deutlicher wurde, und fast alles, was sie über ihn und seine Frau zu erzählen haben, ist, dass sie drei Söhne hatten, einen davon der im Säuglingsalter starb, und zwei Mädchen. Gelegentlich wird zwar auf Arbeiten hingewiesen, die der eine oder andere der überlebenden Söhne, deren Namen Francesco und Lodovico waren, im Atelier ihres Vaters ausgeführt hat. Die Ehen der Töchter Laura und Taddea werden *en passant* angespielt , und die Tatsache wird erwähnt, dass der große Maler im hohen Alter einen leiblichen Sohn hatte, dem er die Namen Giovanni Andrea gab und den er anvertraute Sterbebett zur Obhut des Halbbruders des Jungen, Lodovico; Über das Privatleben des Meisters vor Nicolasias Tod lassen sich jedoch kaum Einzelheiten erfahren, und niemand konnte feststellen, wer die Heldin der Romanze in den letzten Lebensjahren des Meisters war. Sogar Dr. Paul Kristeller kann in seinem monumentalen Werk, in dem aus einer unendlichen Vielfalt von Quellen alles zusammengetragen wird, was Licht auf den Charakter, die Ziele und die Arbeit von Mantegna werfen kann, nicht mehr tun, als darauf hinzuweisen, dass er und seine Familie Sie pflegten ein liebevolles Verhältnis zueinander, ihm lag das Wohl seiner Kinder am Herzen und seine Frau teilte das zarte poetische Gespür ihres begabten Bruders Giovanni Bellini.

Mangel an intimen persönlichen Informationen auszugleichen , mit denen Autoren über Mantegna zu kämpfen haben, befassen sie sich alle ausführlich mit jedem Vorfall in seiner künstlerischen Laufbahn und beschreiben detailliert, zum Beispiel die angespannten Beziehungen zwischen ihm und Squarcione gipfelte 1456 darin, dass er eine Klage gegen Letzteren einbrachte. Es wurde zugunsten von Andrea entschieden , der geltend machte, dass er minderjährig gewesen sei, als er die bereits erwähnte Vereinbarung unterzeichnete, und dass sein Pflegevater gegen die Bedingungen der getroffenen Vereinbarung verstoßen habe. Es wird weiter berichtet, dass Squarcione der Intimität zwischen Mantegna und den Bellini von Anfang an erbittert gegenüberstand und sich über den Einfluss ärgerte, den Jacopo auf einen Schüler ausübte, den er als seinen besonderen Schützling ansah. Als er von der Verlobung zwischen Andrea und Nicolasia hörte , schwor er, der Heirat niemals zuzustimmen, und als er feststellte, dass seine Zustimmung zur Ehe aufgehoben wurde, kannte seine Empörung keine Grenzen. Er machte seinem Ärger Luft, indem er Mantegnas Zeit unangemessen beanspruchte und seine Arbeit an den Eremitani- Fresken scharf kritisierte, in der er nur allzu deutlich seine Eifersucht auf das überlegene Talent des jüngeren Künstlers zum Ausdruck brachte. Es blieb Mantegna eigentlich nichts anderes übrig, als alle Verbindungen zu einem so unvernünftigen Arbeitgeber abzubrechen, aber dass er dies mit Bedauern tat und sich an vergangene Freundlichkeiten erinnerte, beweist die Tatsache, dass er den Bruch so lange hinausgezögert hatte. Es war gut für ihn, als er schließlich die Squarcione Bottega verließ und die Freiheit hatte, ungehindert an seiner eigenen künstlerischen Erlösung zu arbeiten, und von nun an kann man wahrhaftig sagen, dass er immer stärker wurde, bis er schließlich Meisterwerke wie … Mit dem „Triumph des Cäsar " und der „Madonna della Vittoria" erreichte er den Höhepunkt seines Schaffens.

Die zweite Periode von Mantegnas Karriere beginnt mit dem Gemälde des schönen Triptychons für S. Zeno in Verona, das vom aufgeklärten päpstlichen Protonotar Abt Gregorio Correr in Auftrag gegeben wurde , einem der führenden Geistlichen seiner Zeit, dem ersten der vielen angesehenen Mäzene, die heute tätig sind begann, sich die Dienste des jungen Malers aus Padua zu sichern. Das Altarbild von S. Zeno, dessen Hauptkomposition zu der als „ sacro conversazione" bekannten Klasse gehört, in der Heilige verschiedener Epochen um die Jungfrau und das Kind gruppiert sind, markiert einen ganz erheblichen Fortschritt in der Darstellung des Charakters. Die Persönlichkeiten so unterschiedlicher Männer wie der Heiligen Petrus, Johannes des Evangelisten, Augustinus und Zenon werden mit großem Erfolg verwirklicht , und die Konzentration des Lichts auf die

Figur des Jesuskindes lässt den großen Wandel ahnen, der bald stattfinden sollte Künstlerische Darstellungen der Heiligen Familie. Es ist sehr bedauerlich, dass das Gesamtwerk nicht mehr so zu sehen ist, wie es bei seiner ersten Aufstellung war, denn es wurde 1797 von den Franzosen verschleppt; und obwohl der obere Teil nach dem Wiener Vertrag nach S. Zeno zurückgebracht wurde, wo er jetzt im Chor hängt, blieben die drei Themen der Predella, die auch für das Studium der Entwicklung von Mantegnas Stil von großer Bedeutung sind, erhalten Frankreich – die „Kreuzigung", eine edle, aber schrecklich realistische Vorstellung, die im Louvre einen Ehrenplatz einnimmt, während die „Agonie im Garten" und die „Himmelfahrt", die sie ursprünglich auf beiden Seiten flankierten, in Tours stehen.

Während Mantegna mit seinem mühsamen Unterfangen für Abt Correr beschäftigt war , malte er drei seiner wenigen Porträts: das, jetzt in Berlin, von Kardinal Luigi Mezzarota , dem kriegerischen Prälaten, der 1457 die päpstlichen Truppen gegen die Türken anführte und sie mit großen Verlusten besiegte; das im Museum von Neapel von Kardinal Francesco Gonzaga, der den roten Hut erhielt, bevor er siebzehn war; und das berühmte Doppelbild von Johannes von Czezomicze , besser bekannt als Janus Pannonius , das leider verloren geht, seinem Autor jedoch großen Ruhm einbrachte und die wunderschöne Elegie inspirierte, die der Dichter nach seiner Fertigstellung an ihn richtete.

Zwischen Kardinal Francesco und Andrea entwickelte sich bald eine sehr enge Freundschaft, die möglicherweise etwas mit den dringenden Einladungen zu tun hatte, die Mantegna nun vom Vater des jungen Prälaten Lodovico, dem regierenden Marquis von Mantua, erhielt, der die Große würdig unterstützte Traditionen seiner Vorfahren, unter deren Schirmherrschaft die alte Festung, die so untrennbar mit dem Andenken des Paduaner Meisters verbunden sein sollte, erweitert und befestigt wurde und die Große Kathedrale mit der noblen Renaissancekirche S. Andrea errichtet wurde. Die erste von Lodovicos Einladungen erfolgte vermutlich mündlich, ihr folgten jedoch bald eindringliche schriftliche Appelle, von denen einige erhalten sind, in denen der Schriftsteller anbietet, Mantegna mit einem hohen Gehalt zu seinem Hofmaler zu machen und ihm bestimmte wertvolle Privilegien zu gewähren Die Briefe zeugen nicht nur von der hohen Wertschätzung, die bedeutenden Malern damals entgegengebracht wurde, und von der Begeisterung, mit der um ihre Arbeiten gekämpft wurde, sondern auch von den großen Opfern, die von ihnen verlangt wurden und von denen sich kein Förderer der modernen Kunst träumen ließ anspruchsvoll.

Immer wieder verschob Mantegna seine letzte Antwort an den Marquis, denn er liebte Padua, wo er viele angenehme Beschäftigungen fand und von dankbaren Freunden umgeben war; aber schließlich gab er nach, wahrscheinlich teils von den materiellen Vorteilen der ihm angebotenen Stelle angezogen, teils von den außergewöhnlichen Möglichkeiten, die er in Mantua für die antiquarische Forschung haben würde, an der er Freude hatte. In der zweiten Hälfte des Jahres 1459 kam er in Begleitung von Nicolasia und ihren beiden kleinen Kindern in der berühmten Stadt an, wo er vom Marquis und seiner Frau, der Marchesa Barbara, sowie ihren beiden Söhnen Federico und Cardinal freudig empfangen wurde Francesco. Von dieser Zeit bis zu seinem Tod arbeitete Mantegna, abgesehen von zwei Jahren, die er in Rom verbrachte, fast ausschließlich für die Familie Gonzaga und widmete sich ihr und ihren Interessen immer mehr. Die Position des Hofmalers scheint von Anfang an eine sehr beneidenswerte gewesen zu sein, denn obwohl sich die Auszahlung seines Gehalts manchmal verzögerte, stand er offenbar in engster Vertrautheit mit seinem Gönner, der bald darauf eintrat Nach seiner Ankunft verlieh er ihm ein Wappen, das sein eigenes Motiv verkörperte, und war, wie aus vielen noch erhaltenen Briefen hervorgeht, immer bereit, ihm zu helfen und ihn zu beraten, sei es in so trivialen Angelegenheiten wie dem Schnitt eines Mantels oder in so schwerwiegenden Angelegenheiten wie der Legalität Streitigkeiten über die Grenzen des Eigentums des Künstlers. Dass die Armut, über die Mantegna sich manchmal beklagte, rein nomineller Natur gewesen sein muss, geht aus diesen Klagen tatsächlich hervor, ebenso aus der Tatsache, dass er in der Lage war, eine sehr wertvolle Sammlung von Antiquitäten anzulegen und seinen Töchtern bei der Heirat große Mitgift zu geben.

TAFEL IV. – DIE ANFANG IM GARTEN

(In der Nationalgalerie)

Diese wunderschöne Komposition, die sich heute in der National Gallery in London befindet, soll eine Nachbildung des „Ölbergs" sein, der ursprünglich Teil der Predella des großen Altarbildes von San Zeno in Verona war und dort gemalt wurde 1439 für Giacomo Antonio Marcello, damals Podestà von Padua.

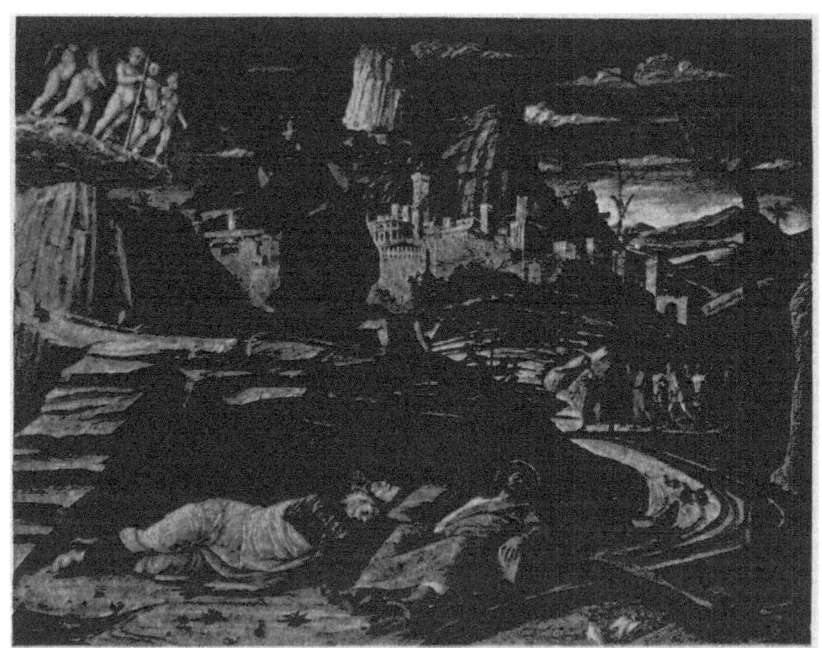

Die ersten in Mantua gemalten Bilder waren das wunderschöne Triptychon „Anbetung der Könige", „Beschneidung" und „Himmelfahrt", jetzt in den Uffizien in Florenz; der „Tod der Jungfrau" in der Prado-Galerie; und die bemerkenswerte „Pietà" der Brera-Galerie; Bei letzterem handelte es sich wahrscheinlich nur um eine Studie, da es sich zum Zeitpunkt des Todes des Künstlers noch in Mantegnas Atelier befand und daher fälschlicherweise einer späteren Zeit zugeordnet wurde. Obwohl der „Tote Christus" mit seinem erstaunlichen Realismus unangenehm ist , ist er als perspektivische Studie von besonderem Wert, und nach Meinung von Dr. Kristeller wurde er so gemalt, dass man ihn von unten betrachten kann, wie er sagt „Nur als Deckengemälde, bei dem der perspektivische Blickpunkt mit dem Mittelpunkt der Decke zusammenfällt, erscheint die Figur korrekt perspektivisch verkürzt. „Es besteht kein Zweifel", fügt er hinzu, „dass es als Vorstudie für den nackten Jugendlichen gemalt wurde, der innerhalb der Balustrade an der Deckendekoration der Camera degli steht." Sposi und für andere Figuren in Deckenbildern." Wie dem auch sei, die seltsame Komposition steht unter den Werken ihres Autors für sich allein und wird bei Kritikern wahrscheinlich immer ein Streitthema bleiben, da ihre Eigenheiten auf unterschiedliche Weise auf unterschiedliche Temperamente einwirken.

Zusätzlich zu den oben genannten Ölgemälden schuf Mantegna zwischen 1459 und 1460 auch zahlreiche Fresken für die verschiedenen Residenzen des Marquis von Mantua, von denen jedoch leider keine Spur mehr vorhanden ist. Die frühesten erhaltenen Werke dieser Art sind die der Camera degli Sposi im Castello di Corte, die 1474 fertiggestellt wurden und trotz ihres melancholischen Verfallszustands, der hauptsächlich darauf zurückzuführen ist, dass sie auf einer trockenen statt einer feuchten Oberfläche ausgeführt wurden, zu den bemerkenswertesten Beispielen des fünfzehnten Jahrhunderts zählen. Jahrhundert dekorative Kunst existiert. Sie sind nicht nur bewundernswert ausgeführt und für die Position, die sie einnehmen, durchaus geeignet, sondern sie eröffnen auch einen neuen Ansatz in der historischen Porträtmalerei, wobei die Hauptmotive Gruppen der verschiedenen Mitglieder der Gonzaga-Familie sind, von denen das vielleicht interessanteste und charakteristischste ist , das das Treffen zwischen dem Marquis Lodovico und Kardinal Francesco darstellt und ein Porträt des Künstlers enthält.

In den anderen Fresken der Camera degli Sposi , der Kardinal, der inzwischen päpstlicher Legat von Bologna und Bischof von Mantua geworden war, fällt durch seine Abwesenheit auf. Seine hohe Stellung in der Kirche machte seine Besuche in seinem Haus sehr selten und führte dazu, dass er mit viel Prunk und Prunk empfangen wurde Zeremonie, als er erschien. Bei dieser Gelegenheit wurden er und sein Vater, der von seinen beiden ältesten Enkeln begleitet wurde, jeweils von einem großen Gefolge begleitet, und Mantegna hat es mit beträchtlichem Geschick und unter Beibehaltung einer gewissen Gemütlichkeit geschafft, den edlen Figuren einen Eindruck von Erhabenheit zu vermitteln Die Schauspieler der Szene heben sich vor einem schönen Landschaftshintergrund ab, aus dem sich die Stadt Mantua erhebt.

Die Dekorationen der Camera degli Sposi begeisterte den Marquis so sehr, dass er ihrem Autor ein Anwesen im Herzen der Stadt schenkte, auf dem Mantegna sofort mit dem Bau eines fürstlichen Herrenhauses begann, von dem ein Teil heute in ein College umgewandelt ist. Lange bevor es fertig war, war er jedoch traurig über den Tod von Lodovico, der 1478 verstarb, kurz nachdem er das größte Meisterwerk seines geliebten Hofmalers in Auftrag gegeben hatte – die Bilderserie „Triumph des Cäsar ". ", die sich heute in Hampton Court befinden und 1624 von Karl I. vom damals regierenden Marquis gekauft wurden. Nachfolger von Lodovico wurde sein Sohn Federico, der Mantegna mit der gleichen liebevollen Rücksichtnahme behandelte wie sein Vorgänger und großes Interesse an Mantegna zeigte Fürsorge und Verständnis für ihn in seinen häuslichen Ängsten. Am 25. Oktober 1478 schrieb er an den Künstler, der krankheitsbedingt einige Arbeiten nicht für ihn fertigstellen konnte, und bat ihn, sich so schnell wie möglich zu erholen, sich aber über die Verzögerung keine Sorgen zu machen, und später tat er alles in seiner Macht für Mantegnas zarten Jungen, erkundigte sich ständig nach ihm und überreichte seinem Vater ein

Empfehlungsschreiben an den berühmten Arzt Girardo da Verona, das von besonderem Interesse ist und einen allzu seltenen Einblick in die Geschichte gewährt der Maler als Mann und Künstler, der um das Leben seines leidenden Kindes zittert. Der Marquis bittet den Arzt, den Arzt zu konsultieren, mit dem Mantegna seinen Sohn 1480 nach Venedig brachte, „unseren edlen und geliebten Diener jede erdenkliche Rücksicht zu nehmen"; und obwohl die Reise völlig vergeblich war, da der Patient bald nach der Rückkehr nach Mantua starb, muss die Fürsorge, die der Marquis ihm gegenüber zeigte, das Herz seiner trauernden Eltern berührt haben.

TAFEL V. – DIE MADONNA UND DAS KIND, UMGEBEN VON PUTTEN

(In der Brera-Galerie, Mailand)

Diese bezaubernde Komposition, die sich heute in der Brera-Galerie in Mailand befindet, wurde 1485 für den jungen Marquis von Mantua, Gian Francesco Gonzaga, als Geschenk für die Herzogin Eleanora von Ferrara, die Mutter seiner Verlobten Isabella d'Este , gemalt . Es gilt als eines der schönsten späteren religiösen Bilder Mantegnas.

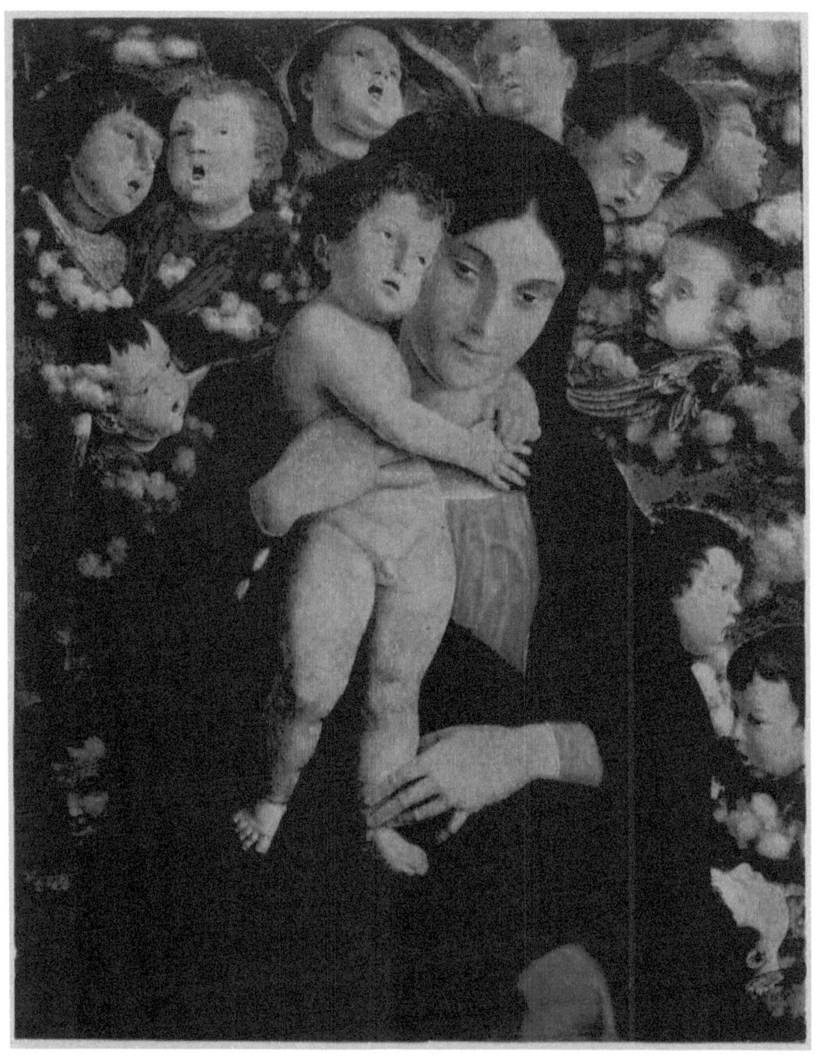

Im Jahr 1481 wurde der Hof von Mantua durch den Tod der Witwe Marchesa Barbara, die von Anfang an eine sehr gute Freundin Mantegnas gewesen war, und zwei Jahre später ihres Sohnes, Kardinal Francesco Gonzaga, dem der Künstler treu ergeben war, in Trauer versetzt beigefügt, ebenfalls verstorben. Als Federico selbst 1484 plötzlich starb und sein achtzehnjähriger Sohn Gian Francesco – der im Allgemeinen nur mit seinem zweiten Vornamen genannt wird – an seiner Stelle Marquis wurde, schien Mantegna befürchtet zu haben, dass seine Position in Mantua nachteilig sein würde Er war von allen Veränderungen betroffen und beeilte sich, Lorenzo de' Medici seine Dienste anzubieten, mit dem er eine kurze Bekanntschaft hatte und dessen Liberalität als Förderer von Kunst und Literatur bekannt war. Welche Antwort der Florentiner Herzog auf seinen Vorschlag gab, ist nicht bekannt; Es stellte sich jedoch bald heraus, dass der neue Herrscher von Mantua seinen Hofmaler genauso gut, wenn nicht sogar besser zu schätzen wusste als sein Vater und sein Großvater vor ihm, und eine der ersten Amtshandlungen seiner Herrschaft bestand darin, Mantegna zu bitten, ein Gemälde zu malen Bild, das er der Herzogin Eleonora von Mantua schenken wollte, der Mutter seiner Verlobten Isabella d'Este , die damals erst zehn Jahre alt war, aber später eine der großzügigsten Gönnerinnen und treuesten Bewundererinnen des Künstlers werden sollte.

Bei dem fraglichen Bild soll es sich um die schöne „Madonna mit Kind" mit einem Hintergrund aus Puttenköpfen gehandelt haben, die sich heute in der Brera-Galerie in Mailand befindet und hinsichtlich ihrer Farbgebung als eine der brillantesten Errungenschaften Mantegnas gilt. Nach Angaben einiger Behörden war es bereits einige Monate zuvor von der Herzogin in Auftrag gegeben worden, und Francesco musste den Künstler lediglich dazu drängen, es ohne weitere Verzögerung fertigzustellen; Aber auf jeden Fall war der junge Marquis während der Arbeiten ständig im Atelier und unterhielt sich mit dem Maler mal über das Werk, mal über seine eigenen Privatangelegenheiten. Es heißt, er sei zutiefst in seine Verlobte verliebt gewesen, oder besser gesagt, in die Vorstellung, die er sich von ihr gemacht hatte, denn es ist zweifelhaft, ob er sie jemals gesehen hatte, da die Werbung bereits 1480 durch einen Stellvertreter erfolgt war Das kleine Mädchen von sechs Jahren hatte den mantuanischen Gesandten mit ihrer Anmut und ihrem Charme entzückt. Kaum war das Bild unterschrieben, hatte der eifrige Bewerber es auch schon eingepackt und machte sich damit auf den Weg nach Ferrara, wo es mit größter Begeisterung aufgenommen wurde, nicht nur von der Herzogin selbst, sondern vom gesamten Hof, der unter der aufgeklärten Herrschaft von Herzog Ercole I. war ein Kulturzentrum , zu dem Künstler, Dichter, Musiker, Humanisten und andere Persönlichkeiten des ästhetischen und intellektuellen Lebens seiner Zeit strömten.

Über das tatsächliche Treffen zwischen dem Verlobtenpaar sind keine Aufzeichnungen erhalten; Aus Briefen, die der Marquis nach Hause schrieb, geht jedoch hervor, dass seine Erwartungen mehr als erfüllt wurden, da Isabella bereits die außergewöhnlichen Eigenschaften versprach, die sie zu einer der faszinierendsten und einflussreichsten Frauen ihrer Zeit machen sollten, deren süße und süße Erinnerung in Erinnerung geblieben ist Sowohl in Ferarra als auch in Mantua herrscht immer noch eine anmutige Präsenz. Es fiel ihrem Geliebten schwer, sich loszureißen, als der Tag kam, an dem er nach Hause zurückkehren musste, wo seine Anwesenheit dringend benötigt wurde; Doch bevor er ging, verlangte er von Herzogin Eleonora das Versprechen, dass sie ihre Tochter im Herbst desselben Jahres nach Mantua bringen würde.

Man kann sich leicht vorstellen, wie viel Francesco seinem Hofmaler anvertrauen musste, als er das nächste Mal im Atelier vorbeikam; wie er über den Charme seiner geliebten Isabella schwelgte und über die Jahre klagte, die vergehen mussten, bevor sie seine Frau werden konnte. Er fand Mantegna eifrig mit den Vorzeichnungen für den „Triumph des Cäsar " beschäftigt, und zu den bereits von Lodovico Gonzaga gegebenen Anweisungen fügte er den Wunsch hinzu, dass alle angesehenen Gäste, die sich bald an seinem Hof treffen würden, in die Prozessionen eingeführt würden . sowie die Hauptmitglieder seiner eigenen Familie. Mantegna, so hätte er vielleicht gesagt, hätte reichlich Gelegenheit, sie zu studieren; und nun musste er alles andere eine Zeit lang beiseite legen, um die Dekorationen zu Ehren des Besuchs der Braut und ihrer Mutter zu entwerfen, die eine Art Vorgeschmack auf die Feierlichkeiten der Hochzeit sein sollten. Bei allen Vorbereitungen für dieses große Ereignis verließ er sich auf die Mitarbeit von Mantegna, der versprechen musste, keine Einladung oder Aufträge anzunehmen, die seine Arbeit daran beeinträchtigen könnten, und so verfrüht dies dem Künstler auch erscheinen musste, er hat bereitwillig die erforderliche Zusicherung gegeben.

Alle verliefen so glücklich, wie Francesco es sich während des kurzen Aufenthalts von Eleonora und Isabella in Mantua gewünscht hätte, die alle Herzen durch ihre mitfühlende Wertschätzung für alles eroberten, was getan wurde, um ihnen zu gefallen. Nach ihrer Abreise ging die Arbeit am „Triumph des Cäsar " zügig voran und wurde nur hin und wieder durch die Ausführung kleinerer Aufträge unterbrochen, wie zum Beispiel die Gestaltung von Schmuck , Trinkbechern usw.; Doch 1488 erhielt Mantegna eine sehr unwillkommene Aufforderung, nach Rom zu gehen. Papst Innozenz VIII., der von der Schönheit der Fresken in Padua und Mantua gehört hatte, wünschte, eine Kapelle im Vatikan von ihrem Künstler schmücken zu lassen. Eine solche Einladung hatte die ganze Kraft eines Befehls, und der Marquis sah sich widerstrebend gezwungen, seinen geliebten Maler gehen zu lassen; Doch bevor er ging, verlieh er ihm die Ehre des Rittertums, damit er eine bessere Position am päpstlichen Hof einnehmen könne, und erinnerte ihn noch einmal an die Notwendigkeit, spätestens im Januar 1490 nach Mantua zurückzukehren. Mit einem Brief an den Papst vom 10. Juni 1488 bei sich, in dem Francesco in höchsten Tönen von ihm sprach, machte sich Mantegna auf den Weg in die Heilige Stadt, wo er nicht nur von seinem neuen Arbeitgeber, sondern auch von ihm mit größter Begeisterung empfangen wurde von den kirchlichen und weltlichen Persönlichkeiten, die miteinander wetteiferten, ihm Ehre zu erweisen . Bestimmte Briefe an den Marquis Francesco verraten jedoch Unzufriedenheit mit der Bezahlung, die er vom Papst erhielt, und auch mit den Erleichterungen, die ihm für seine Arbeit im Vatikan geboten wurden, eine Unzufriedenheit, die sich tatsächlich noch verstärkt hätte, wenn er vorhergesehen hätte, dass die Die Fresken, für die er so viel geopfert hatte, wurden 1780 zusammen mit der Kapelle, in der sie sich befanden, rücksichtslos zerstört, um Platz für das Museo Pio Clementina zu schaffen.

Nur aus Anspielungen Vasaris auf sie und Beschreibungen der späteren Kritiker Agostino Taja und Giovanni Pietro Chattard , die in der zweiten Hälfte des 18. Jahrhunderts lebten und die Fresken kurz vor ihrer Zerstörung sahen, lässt sich eine Vorstellung davon gewinnen was sie waren; sondern eine angebliche Kopie eines Porträts von Innozenz VIII. darin enthalten ist, befindet sich in der Sammlung des Erzherzogs Ferdinand von Österreich. Dass sie von Mantegna ohne jegliche Hilfe hingerichtet wurden, wird durch einen Brief von ihm an den Marquis Francesco vom 15. Juni 1489 bewiesen, in dem er sagt: „Die Arbeit ist schwer für einen Mann allein, der darauf aus ist, Ehre zu erlangen, besonders in Rom." , wo so viele fähige Männer ihre Meinung äußern und wie bei den Rennen, die von Barbarenpferden veranstaltet werden, der Erste den Preis erhält, so muss auch ich am Ende gewinnen, wenn es Gott gefällt."

Es ist unnötig, lange bei Kunstwerken zu verweilen, die völlig verschwunden sind. Es genügt zu sagen, dass die Fresken noch nicht im Dezember 1489 fertiggestellt waren, sondern dass Mantegna auf eine Beurlaubung des Papstes für Februar 1490 hoffte, als ihn plötzlich Fieber befiel, kurz bevor er nach Mantua aufbrechen wollte ging es gut. Die lange besprochene Hochzeit fand also in seiner Abwesenheit statt, und er hatte schließlich überhaupt nichts mit den Feierlichkeiten zu Ehren der Ehe zu tun, die offensichtlich von prächtiger Art waren. Es muss für ihn in der Tat eine tiefe Demütigung gewesen sein, dass er die einmalige Gelegenheit verpasst hatte, seinem Gönner aus Mantua seine Ergebenheit zu beweisen, und man kann sich leicht vorstellen, mit welch gemischten Gefühlen er von der enthusiastischen Aufnahme der Braut im Haus ihres Mannes hörte Geburtsstadt. In Begleitung von Isabellas Eltern, ihrem Onkel Kardinal d'Este und ihren drei jungen Brüdern und begleitet von einer prächtigen Suite betrat das frisch vermählte Paar am 12. Februar die Stadt, wobei der einzige Nachteil ihres Glücks, wie zeitgenössische Chronisten berichten, darin bestand Abwesenheit des Hofmalers, dessen Lobgesänge der Bräutigam so oft gesungen hatte.

TAFEL VI. – DIE MADONNA UND DAS KIND DER GROTTE

(In den Uffizien, Florenz)

Einige Kritiker gehen davon aus, dass diese strenge und würdevolle Gruppe, die sich heute in den Uffizien in Florenz befindet, etwa zur gleichen Zeit wie die Fresken der Camera degli in Mantua gemalt wurde Sposi , während andere es einem viel späteren Zeitpunkt zuordnen und erklären, dass es zwischen 1488 und 1490 während des Aufenthalts des Künstlers in Rom entstanden sei.

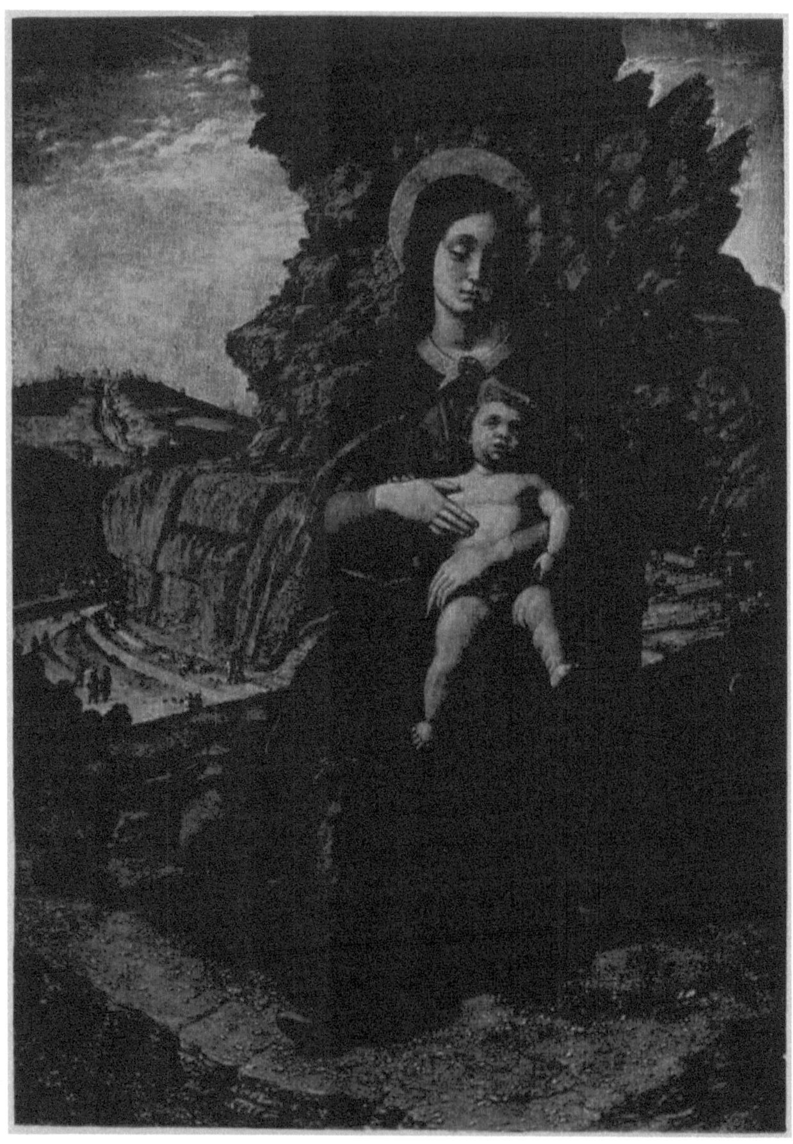

Glücklicherweise erholte sich der Künstler bald von seiner Krankheit, doch erst im September vollendete er sein Werk in Rom und erhielt vom Papst die Erlaubnis, nach Mantua zurückzukehren. Innozenz VIII. äußerte sich in seinem Kündigungsschreiben voll und ganz zufrieden mit der Art und Weise, wie seine Wünsche umgesetzt worden seien; aber ob der Künstler auch mit der Belohnung für seine Dienste zufrieden war, ist fraglich.

Offensichtlich war er sehr froh, Rom zu verlassen, wo er sich seltsamerweise trotz seiner Liebe zur Antike und den Möglichkeiten, die er für sein Lieblingsstudium genossen hatte , nicht in seinem Element gefühlt zu haben schien. Sein Briefwechsel mit dem Marquis verrät erhebliches Heimweh und enthält keinerlei Anspielungen auf die Kunstschätze des Vatikans. Er fleht seinen Gönner um einen Termin für seinen Sohn Lodovico an, erklärt, er sehne sich danach, wieder am „Triumph des Cäsar " zu arbeiten, und erzählt verschiedene Hofklatschgeschichten, zum Beispiel über die Unglücklichen Prinz Djem , Bruder des regierenden Sultans der Türkei, der damals im Vatikan gefangen war, sagt jedoch kein Wort, um Licht auf die politische Situation zu werfen, die den Oberhäuptern der großen italienischen Staaten bereits Sorgen bereitete. Zurück in Mantua überwand Mantegna schnell die in seinen Briefen offenbarte Depression und nahm seinen alten Platz ein, als wäre er nie weg gewesen. Sein Atelier wurde erneut zum Zentrum künstlerischer Aktivitäten in der antiken Stadt.

d'Este verbunden , was gleichbedeutend damit ist, dass er es von nun an auch sein sollte in engem Kontakt mit der Geschichte seines Heimatlandes, das schon damals am Vorabend der Revolution war, die ihre Stellung im Gemeinwesen der Nationen völlig verändern sollte. Die Braut des Marquis von Mantua war die einzige Schwester von Beatrice d'Este , die am 29. Dezember 1490 mit dem hochbegabten, aber wankelmütigen, grausamen und listigen Lodovico Sforza mit Nachnamen II. Moro verheiratet wurde, der durch Verrat das Herzogtum Mailand erlangte und war maßgeblich an der Invasion Italiens durch die Franzosen beteiligt, ein Verbrechen, für das er zunächst mit seiner Freiheit und schließlich mit seinem Leben teuer bezahlen musste, denn er starb 1508 als Gefangener im Schloss von Loches

d'Estes Leben in Mantua gab es keinen Hinweis darauf, dass künftige Probleme auf sie zukommen würden , denn ihre größte Sorge galt offenbar ihrer geliebten Schwester, deren Schicksal weitaus weniger glücklich war als ihres eigenen. Lodovico Sforza war kein annähernd so leidenschaftlicher Liebhaber wie Francesco Gonzaga, denn er hatte eine Geliebte, die schöne und gebildete Cecilia Gallerani , an die er hingebungsvoll hing und die er viele Jahre lang behandelt hatte, als wäre sie seine Anwältin Gattin. Es ist bezeichnend für die nachsichtige Art, mit der solche Verbindungen betrachtet wurden, dass seine Beziehungen zu ihr nicht als Hindernis für seine Heirat mit einem unschuldigen jungen Mädchen angesehen wurden, dessen Eltern alles in ihrer Macht Stehende taten, um ihre Verlobung mit ihm zu beschleunigen. Es war jedoch sehr offensichtlich, dass Beatrice ihren Eifer nicht teilte, und es war Isabella, die nach Ferrara geeilt war, sobald die Angelegenheit geklärt war, und bei der sie Trost in ihrer schwindenden Angst vor dem, was vor ihr lag, suchte. Dass es der Marchesa gelang, sie zu beruhigen und für die Tortur zu wappnen, beweist die würdevolle Art, mit der sich die kleine Braut bei den langwierigen und glanzvollen Feierlichkeiten zeigte, mit denen sie ihre Verbindung mit einem Mann feierte, der mehr als doppelt so groß war wie sie selbst Alter und die Leichtigkeit, mit der sie die beschwerlichen Pflichten der Frau des führenden und mächtigsten Fürsten Italiens übernahm. Mit einem von den drängendsten Ängsten befreiten Herzen kehrte die ältere Schwester nach Hause zurück, und die Briefe, die Beatrice in den Monaten nach ihrer Abreise an sie schrieb, offenbaren eine wachsende Bindung zwischen dem frisch verheirateten Paar, die im Januar besiegelt wurde 1493 mit der Geburt ihres ersten Sohnes.

Der Hof der Gonzagas wurde nun zum Treffpunkt der führenden Autoren, Künstler und Antiquare der damaligen Zeit, die in ihrer begeisterten Bewunderung für die schöne junge Marchesa miteinander wetteiferten, obwohl zeitgenössische Schriftsteller dies im Laufe der Zeit gelegentlich andeuten Einige von ihnen lehnten sich eher gegen ihre zunehmenden Forderungen auf, denn sie hätte am liebsten jeden dazu gebracht, alles aufzugeben , um ihren Befehlen zu gehorchen. Sie soll sogar herrische Botschaften an so große Berühmtheiten wie Perugino, Giovanni Bellini und Leonardo da Vinci geschickt haben, in denen sie sie aufforderte, Mantegna bei der Dekoration ihrer Gemächer zu helfen, die Themen zu beschreiben, die sie von ihnen interpretieren lassen sollten, und sich als sehr betrübt auszudrücken als sie nicht erschienen. Andererseits besteht kein Zweifel daran, dass sie sich als äußerst großzügige und rücksichtsvolle Gönnerin ihres eigenen Hofmalers erwies, und die vier Jahre nach seiner Rückkehr aus Rom gehörten wahrscheinlich zu den glücklichsten in Mantegnas Leben. Während dieser Zeit arbeitete er fast ausschließlich am „Triumph des Cäsar", wobei er von keinem anderen Künstler Hilfe erhielt, die zehnte Komposition im Jahr 1494 vollendete und mehrere Skizzen für andere anfertigte, die nie fertiggestellt wurden. In diesen wunderbaren Schöpfungen verwirklichte der Künstler den wahren Geist der Antike und hinterließ der Nachwelt gleichzeitig eine wunderbar wahrhaftige Reihe von Darstellungen des zeitgenössischen Lebens seiner Zeit, voller bedeutungsvoller Ereignisse und wirksamer Kontraste, wobei die verschiedenen Gruppen eine Freiheit an den Tag legten Ausführung und Ausdruckskraft, wie sie Mantegna noch nie zuvor erreicht hatte. Zum ersten Mal verschmolzen Realismus und Idealismus miteinander, und die Vergangenheit schien tatsächlich zur Gegenwart zu werden und nicht nur als intellektuelle Abstraktion, sondern als sichtbare Parade der Menschheit zu neuem Leben zu erwachen.

Das Jahr des erfolgreichen Abschlusses des „Triumphs von Cäsar" war für Italien ein katastrophales Jahr, denn im Juli 1494 überquerte der Herzog von Orleans auf Einladung von Lodovico Sforza die Alpen, worauf ihm fast unmittelbar Karl VIII. folgte. Der französische König und der Herzog von Orleans wurden von Il Moro mit großer Begeisterung empfangen, dessen Frau ihrer Schwester in Mantua begeisterte Berichte über die Freude über ihre Ankunft schrieb; Aber diejenigen, die unter die Oberfläche blickten, erkannten , was für ein fataler Fehler begangen worden war, und schon bald verbreiteten sich im Ausland finstere Gerüchte über die wahren Motive von Lodovico Sforza. Der Tod seines Neffen Giangaleazzo zu einem für ihn äußerst günstigen Zeitpunkt ließ den Verdacht aufkommen, dass er ihn vergiftet hatte, was durch die Art und Weise bestätigt wurde, wie es ihm gelang, seinen Anspruch auf die Nachfolge anzuerkennen und den kleinen Sohn des Verstorbenen, Francesco, zu bekommen zu seinen Gunsten aufheben . Trotzdem durfte er ohne Widerstand die oberste Autorität in Mailand übernehmen, und zeitgenössische Chronisten erwähnen sogar die Freundlichkeit, die er und seine Frau der verwitweten Herzogin entgegenbrachten, der Wohnungen in dem Palast zugewiesen wurden, der ihr so lange gehört hatte heim. Unterdessen war in Mantua alles ruhig geblieben, obwohl die Gonzagas und Mantegna alles, was anderswo vor sich ging, mit gespanntem Interesse beobachteten. Anfang 1495 reiste Isabella nach Mailand zu ihrer Schwester, die ihr zweites Kind erwartete, und am 4. Februar wurde ein schöner Junge geboren. Bei den glanzvollen Feierlichkeiten zur Feier des großen Ereignisses soll die schöne Tante des Kindes eine führende Rolle gespielt haben, mal empfing sie Botschafter ausländischer Höfe, um der jungen Mutter die Müdigkeit zu ersparen, mal beriet sie ihren Schwager in schwierigen Fragen der Etikette , Verse mit Gaspare Visconti abschließen, die Arbeit von Giovanni Bellini kritisieren oder mit ihrem zweijährigen Neffen Ercole spielen , der sie einfach verehrte.

Plörzlich, inmitten all dieser unbeschwerten Fröhlichkeit, kam die Nachricht, dass Karl VIII. war in Neapel eingezogen und zum König von Sizilien gekrönt worden, und obwohl die Glocken von Mailand demonstrativ wie zum Jubel geläutet wurden, wurde hastig ein Rat einberufen, um über die besten Maßnahmen zur Rettung Italiens vor den französischen Invasoren zu beraten. Am 12. April wurde zwischen Venedig, Urbino, Mantua, Mailand, König Ferdinand von Spanien und Kaiser Maximilian ein Bündnis gegen Frankreich unterzeichnet; Der Marquis von Mantua wurde zum Generalissimus der vereinten italienischen Streitkräfte ernannt, und nachdem er sich liebevoll von Mantegna verabschiedet hatte, der, wie er sagte, bald zur Feier eines Sieges ein Meisterwerk malen würde, machte er sich in bester Stimmung auf den Weg Chef seiner Armee. Seine Worte erwiesen sich als prophetisch, denn am 6. Juli besiegte er bei Fornovo die Franzosen mit großen Verlusten und kämpfte Seite an Seite mit seinen Soldaten in vorderster Reihe. Bevor er in Aktion trat , gelobte er, dass er, wenn er unverletzt davonkäme, in Mantua eine Kirche zu Ehren der Jungfrau bauen würde, und sobald die Schlacht vorbei war, sandte er Anweisungen an

Mantegna, Pläne für das Gebäude anzufertigen und einen Altar zu entwerfen
-Stück dafür.

TAFEL VII . – PARNASSUS

(Im Louvre)

Diese bezaubernd dramatische Interpretation der Unterwerfung des
Kriegsgottes durch die Göttin der Liebe gehört zu einer Reihe allegorischer
Bilder, die für das „Studio" der Marchesa Isabella Gonzaga in Mantua gemalt
wurden, und ist ein einzigartiges Beispiel für die tiefe Sympathie des
Künstlers der Geist der klassischen Legende.

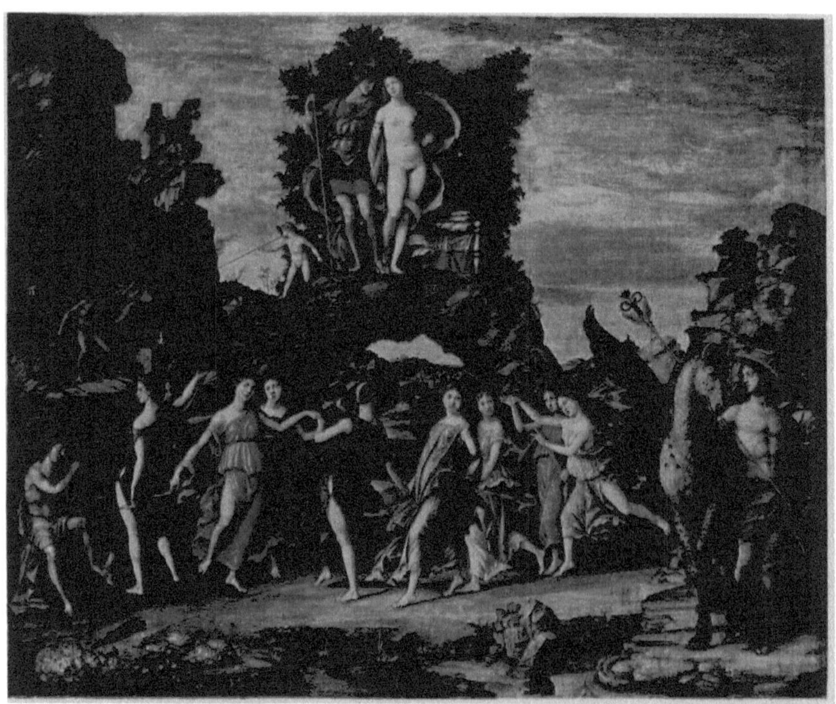

Die Kirche wurde vor dem Gemälde fertiggestellt, mit dem erst am 30.
August begonnen wurde, aber sie wurde rechtzeitig fertiggestellt, um am
Jahrestag des Ereignisses, an das sie erinnerte, aufgestellt zu werden, und gilt
allgemein als das beste Werk des Künstlers dieser Art, das sogar übertrifft
das wunderschöne Triptychon von S. Zeno. Es ist heute einer der
Hauptschätze des Louvre, da es 1797 nach Frankreich gebracht wurde und
als „Madonna della Vittoria" bekannt ist , obwohl es tatsächlich den Marquis
von Mantua darstellt, der die Jungfrau darum bittet der Erfolg seiner Waffen,
kein Dank für den Sieg, die ganze Komposition atmet eher sehnsüchtiges
Streben als Jubel aus. Darin nimmt das heilige Kind den Mittelpunkt des
Bildes ein, wobei das ganze Licht auf ihn und auf das Gesicht seiner Mutter

konzentriert ist, die ihn mit einer Hand umarmt und die andere zum knienden Bittsteller ausstreckt, dem der heilige gegenüber steht. Elisabeth und das Kleinkind Johannes der Täufer. Der Mantel der Jungfrau wird von den Heiligen Georg und Michael zurückgehalten, und vor dem reich verzierten Hintergrund erscheinen die Köpfe der Schutzheiligen von Mantua, der Heiligen Andreas und Longinus, das Ganze ist bewundernswert proportioniert und gut ausbalanciert.

In den Jahren nach dem Sieg von Fornovo hatten der Marquis von Mantua und seine Frau nicht nur mit großen politischen Ängsten zu kämpfen, sondern auch mit einem der größten Sorgen ihres Lebens – dem plötzlichen Tod der Herzogin von Mailand, die im Januar verstarb 2, 1497, nach der Geburt eines tot geborenen Sohnes. Ihr Ende soll durch die Tatsache beschleunigt worden sein, dass ihr Ehemann, der ihr bisher ergeben schien, kürzlich eine Leidenschaft für ein hübsches Mädchen namens Lucrezia Crivelli entwickelt hatte , die eine ihrer Hofdamen gewesen war. Wie auch immer es gewesen sein mag, Lodovicos Trauer über ihren Verlust, die vielleicht durch Selbstvorwürfe noch verstärkt wurde, war extrem, und der Brief, den er an seinen Schwager schrieb und in dem er ihn aufforderte, Isabella die schreckliche Nachricht zu überbringen, ist ein einziger langer Schmerzensschrei. Dass die junge Frau jedoch gnädigerweise von dem bald kommenden Übel befreit worden war, wurde offensichtlich, denn noch bevor sie ein Jahr gestorben war, war das Schicksal ihres Mannes bereits besiegelt. Auch über Mantua zogen schwere Wolken auf, denn der Marquis geriet in den Verdacht, heimliche Geschäfte mit dem Feind gemacht zu haben, und im April 1497 wurde er plötzlich von seinem Posten als Generalissimus der italienischen Streitkräfte entlassen. Dies war ein schwerer Schlag für ihn, seine Frau und alle, auch Mantegna, dem seine Interessen am Herzen lagen, aber glücklicherweise legte sich der Sturm schnell und er erhielt bald wieder sein Kommando, das er bis zum Ende behielt die Kampagne.

Die Einnahme Mailands durch die Franzosen im Jahr 1499 und der triumphale Einzug Ludwigs XII. – der, nachdem der kleine Dauphin kurz vor seinem Vater gestorben war, nach dem Tod Karls VIII. König von Frankreich geworden war – in die eroberte Stadt Die schrecklichen Folgen für die Familie Sforza trübten den Hof von Mantua für den Rest der Regierungszeit des Marquis Francesco, und sowohl er als auch Isabella fanden die beste Ablenkung von ihren vielen Sorgen, indem sie ihrem Hofmaler bei der Arbeit zusahen. Auf die „Madonna della Vittoria" folgten die „Madonna mit Heiligen und Engeln", die sich heute in der Sammlung des Fürsten Trivulzio in Mailand befindet und für die Mönche von S. Maria in Organo , Verona, gemalt wurde, und die „Madonna mit dem Kind mit dem Hl. „Johannes der Täufer", jetzt in der Nationalgalerie, mit der kleineren, aber nicht weniger charmanten „Heiligen Familie" der Dresdner Galerie. Etwa zur gleichen Zeit sollen die Entwürfe für die Fresken in Mantegnas Totenkapelle in S. Andrea, Mantua, stammen, von denen nur zwei – die „Heilige Familie mit der heiligen Elisabeth, Zacharias und dem Johannesknaben" und die „Taufe Christi", letzteres fast unkenntlich gemacht, stammt aus der Hand des Meisters selbst, der Rest wurde nach seinem Tod von seinen Schülern fertiggestellt.

Im Jahr 1500, als Andrea bereits in seinem siebzigsten Lebensjahr war, wurde er von der Marchesa beauftragt, in ihrem sogenannten „Atelier" im Castello von Mantua eine Reihe allegorischer Motive zu malen, an deren Dekoration mehrere andere Künstler, darunter Perugino und Lorenzo da Costa waren ebenfalls verlobt. Mantegna war leider der einzige der ausgewählten Maler, der sich der Aufgabe mit einiger Begeisterung näherte oder versuchte, den Ehrgeiz Isabellas zu verwirklichen – dass ihr Heiligtum eine Art Inbegriff des intellektuellen und sinnlichen Lebens sein sollte, das wie die Trifoni symbolisierte von Petrarca in der Literatur die idealsten Bestrebungen der Menschheit. Die erste von Mantegna vollendete Komposition war „Parnassus", in dem die Eroberung des Mars durch Venus gefeiert wird. Dies ist einzigartig unter den Werken des Meisters und zeichnet sich im Allgemeinen durch Nüchternheit im Ausdruck und eine Interpretation von Unbeschwertheit aus Fröhlichkeit. Die Figuren der Tänzerinnen sind voller lebhafter Anmut und die der Liebesgöttin von verführerischem Charme und bilden einen guten Kontrast zur männlichen und heldenhaften Gestalt ihres Verehrers, des strengen Kriegsgottes, sowie der Nebendarsteller in der idyllischen Szene – der vernachlässigte Ehemann Vulkan, der an seiner Schmiede arbeitet, als wäre ihm das Geschehen gleichgültig, Apollo, Merkur und Amor – werden alle sehr glücklich dargestellt, wobei die verschiedenen Gruppen zusammenkommen und den Eindruck eines lebendigen Dramas erwecken, in dem der Künstler In der Fülle seiner Schaffenskraft gelang es ihm nun endlich, seinen Lebenstraum vom alten Olymp, den er bisher nur in seiner Fantasie gesehen hatte, sichtbar zum Ausdruck zu bringen.

Erst einige Jahre nach der Ausführung des „Parnassus" wurde das zweite der „Studio"-Bilder, das vergleichsweise uninteressante „Triumph der Tugend über die Laster", fertiggestellt. Obwohl seine Details offensichtlich sorgfältig studiert wurden, zeigt es einen beklagenswerten Rückgang an Einfachheit und Wirksamkeit des Designs, da Mantegna durch die ständige Einmischung von Isabella, die auf der Einführung einer verwirrenden Anzahl allegorischer Figuren bestand, stark behindert wurde. Die dritte und letzte Komposition, ein ebenso wenig vielversprechendes Thema, der „Triumph der erotischen Liebe", wurde erst von Andrea begonnen und von Lorenzo da Costa vollendet, der sich treu darum bemühte , die Absichten seines

Vorgängers zu erfüllen. Alle drei Gemälde befinden sich heute im Louvre, wo der „Parnassus" sinnvoll mit der früheren „Madonna della Vittoria" und der „Kreuzigung" verglichen werden kann, da die drei Werke sehr typisch für die verschiedenen Entwicklungsphasen des Meisters sind.

Aus dem Jahr 1506 stammt das schöne und charakteristische monochrome Dekorationsbild „Triumph des Scipio", das sich heute in der Nationalgalerie befindet. Es ist eines der neuesten Werke des Meisters und erinnert an zwei wichtige Episoden des Zweiten Punischen Krieges – die Begrüßung des Bildes der Göttin Kybele, die von Publius Scipio aus Rom nach Ostia gebracht wurde, und des Wunders, das die „Mutter der Götter" bei ihrer Ankunft vollbrachte und das die Unschuld der römischen Matrone Claudia Quinta bewies, die fälschlicherweise der Unmoral beschuldigt worden war. Zu diesem schönen Werk, in dem der Künstler die bekannte klassische Geschichte mit dramatischer Direktheit erzählt, ist eine sehr interessante Korrespondenz zwischen Isabella d'Este und dem berühmten venezianischen Gelehrten Pietro Bembo erhalten geblieben, der sich bei der Marquise darüber beschwerte, dass Mantegna hatte hat sich vor langer Zeit verpflichtet, bestimmte Bilder für seinen Freund Francesco Cornaro zu malen , der 25 Dukaten Anzahlung geleistet hatte. Er bat die Gönnerin des Meisters, ihn zur Erfüllung seiner Verpflichtungen zu bewegen, und fügte hinzu: „Messer Cornaro hätte nichts gegen ein paar hundert Dukaten; Er würde ihr gerne den Wert der Bilder überlassen, aber er ließ nicht zu, dass man mit ihm scherzte, und wollte auf seinen Rechten bestehen." Darauf antwortete die große Dame: „Sie würde sicherlich für Cornaro mit Mantegna sprechen, wenn sich Gelegenheit dazu bot, aber der alte Künstler sei im Moment kaum von einer schweren Krankheit genesen, so dass es noch unmöglich sei, mit ihm darüber zu sprechen." Geschäft." Dass sie jedoch bald darauf eingriff oder dass Mantegnas eigenes Gewissen ihm Vorwürfe machte, wird jedoch durch die Tatsache bewiesen, dass der fertiggestellte „Triumph des Scipio" nach seinem Tod in seinem Atelier gefunden wurde.

TAFEL VIII. – DER TRIUMPH VON SCIPIO

(In der Nationalgalerie)

Dieses schöne dekorative Bild in Schwarzweiß aus dem Jahr 1506, das sich jetzt in der Nationalgalerie befindet, ist eines von Mantegnas neuesten Werken und stellt zwei Ereignisse des zweiten punischen Krieges dar – die Ankunft des Bildes der Göttin Kybele in Rom und das angebliche Wunder dadurch entstanden.

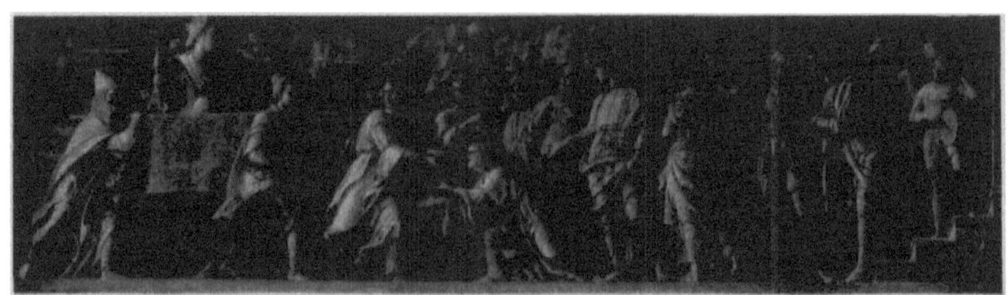

Der Sohn des Malers, Lodovico, bezeichnet das Bild in einem Brief an die Marquise als „das Werk von Scipio Cornelio, das für Messer Francesco Cornaro angefertigt wurde und das der Kardinal Sigismondo Gonzaga für sich behalten wollte". Vergeblich protestierte Andreas zweiter Sohn dagegen und flehte den Marquis Francesco an, es ihm zurückzugeben, „denn er wollte es als Andenken an seinen Vater und zu Studienzwecken behalten", ein Appell, der wunderbar darauf hindeutet, dass zwischen ihnen glückliche Beziehungen bestanden hatten der Schriftsteller und der große Meister. Francesco Mantegna fügte hinzu, dass er Cornaro die fünfundzwanzig Dukaten gerne zurückzahlen würde , und seine Enttäuschung war groß, als er nach langer Verzögerung als einzige Antwort auf seine Bitte einen Schuldschein des Kardinals über hundert Dukaten erhielt, der in Das Ende erwies sich als leeres Papier, denn bis zum November 1507 hatten weder er noch sein Bruder das Geld bekommen können. Am Ende gelangten die Nachkommen von Messer Cornaro in den Besitz des Bildes, das Lord George Vivian von einem von ihnen kaufte, dessen Sohn es 1873 der National Gallery überließ.

Mit dem „Triumph des Scipio" kann man zu Recht „Samson und Delila" gleichsetzen, ebenfalls jetzt in der Nationalgalerie, das offensichtlich vollständig aus der Hand des Meisters selbst stammt und eine sehr realistische Interpretation des vielbeachteten Vorfalls darstellt der Verrat des starken Mannes durch die schwache, aber listige Frau. Weitere typische Zeichnungen sind das „Urteil Salomos" im Louvre und die drei Darstellungen von Judith, die den Kopf des Holofernes in einen Sack steckt, der von ihrer Dienerin offen gehalten wird – eine im Besitz von Mr. John Taylor, eine in Dublin und das dritte in den Uffizien. Das letzte, vom Künstler mit seinem vollständigen Namen signierte und auf 1491 datierte Bild, ist eine wahrhaft bewundernswerte Darstellung des Themas. Das schrumpfende Entsetzen des schönen und heldenhaften Mädchens vor der grässlichen Trophäe, die sie gleich fallen lassen wird, spiegelt sich lebhaft in ihr wider Haltung und Ausdruck sowie in denen ihrer Begleiterin. Aus technischer Sicht weniger zufriedenstellend sind die „ Mutius" . Scævola " aus der Münchner Sammlung, zum Gedenken an die edle Tat des jungen Römers, der per Los ausgewählt worden war, den etruskischen Eindringling, König Porsenna , zu töten, und nachdem er gescheitert war, wurde er dazu verurteilt, bei lebendigem Leibe verbrannt zu werden; die Gruppe „Mars, Venus und Diana" im British Museum; die „Vestalische Jungfrau Tucia ", auch bekannt als „Herbst", und die „Griechische Frau, die aus einer Tasse trinkt", manchmal auch „Sommer" genannt, in der Nationalgalerie. Aber auch sie, wie auch die wichtigeren Zeichnungen, sind überaus charakteristisch für ihren Autor, der in seinen Skizzen von Anfang bis Ende malerischer war als in seinen fertigen Kompositionen.

Nicht nur als Maler, sondern auch als Kupferstecher erlangte Mantegna zu Lebzeiten großes Ansehen und nach seinem Tod bleibenden Ruhm. Er und sein begabter Zeitgenosse Antonio Pollaiuolo waren die ersten Italiener, die Kupferstiche für Originalarbeiten und die Reproduktion ihrer Zeichnungen verwendeten, und sie gaben dem nützlichen Handwerk einen sehr großen Impuls.

Die letzten Monate in Mantegnas Leben sind von einer ebenso großen Dunkelheit umgeben wie die, die seine frühen Jahre umhüllte. Es ist nicht einmal bekannt, woran er starb. Einige sagen, er sei plötzlich von der Pest dahingerafft worden, die zu dieser Zeit in Mantua wütete, andere sagten, dass das Ende schon lange erwartet worden sei und dass das Alter sein einziges Leiden sei. Das traurige Ereignis ereignete sich am 13. September 1506 um sieben Uhr abends, und die Nachricht wurde dem Marquis zwei Tage später von Francesco Mantegna offiziell mitgeteilt; aber wahrscheinlich wegen der großen Ängste, die die Gonzagas damals unterdrückten, wurde kaum darauf geachtet, was sie unter anderen Umständen mit Kummer überwältigt hätte.

Andrea Mantegna wurde still in der Kapelle in S. Andrea, Mantua, begraben, die er sich längst als letzte Ruhestätte seiner Familie gesichert hatte und die bis auf die Fertigstellung der unvollendeten Fresken bis heute erhalten ist wie es zum Zeitpunkt seines Todes war. Erst fünfzig Jahre später wurde die bereits erwähnte Bronzebüste von seinem Enkel Andrea, dem Sohn von Lodovico Mantegna, vor der Kapelle aufgestellt, der im Gebäude auch ein schönes Denkmal für seinen Großvater, seinen Vater und seinen Onkel errichtete. mit der Inschrift „Ossa Andreæ Mantineæ famosissimi Bilder mit Duobus filiis in hoc sepulcro per Andream Mantineæ nepotem ex filio Konstrukto reposita MDLX."

betätigt haben soll, zahlreiche weitere Werke zugeschrieben, darunter Staffeleibilder, Zeichnungen und Miniaturen . Darüber hinaus belegen literarische Beweise, dass fast hundert von ihm entworfene und ausgeführte Kompositionen verloren gegangen sind, darunter besonders bedauerlicherweise die Porträts seiner verschiedenen Gönner aus der Familie Gonzaga und vor allem das der Herzogin Elizabetta von Urbino, die war eine der schönsten und einflussreichsten Frauen ihrer Zeit, die von Jung und Alt geliebt wurde und für die ihre brillante Schwägerin Isabella d'Este eine glühende Bewunderung hegte. Doch auch ohne diese fehlenden Schätze hinterließ der Hofmaler von Mantua genügend Meisterwerke, die ihm einen dauerhaften Ruhm als einer der Pioniere der Renaissance der Malerei in Italien sicherten.

Die Tatsache, dass Mantegna an der Schwelle des Goldenen Zeitalters verstarb, in dem Leonardo da Vinci, Michael Angelo, Raffael, Tizian und Correggio, jeder der Begründer einer großen Schule, ihre weltberühmten Werke hervorbrachten, hat zu seinem Tod geführt Errungenschaften wurden vergleichsweise vernachlässigt; Aber in den letzten Jahren wurden seine Ansprüche nach und nach immer mehr anerkannt , und er genießt heute einen hohen Stellenwert als konsequenter und beharrlicher Vertreter eines hohen Ideals. Seine ausgeprägte Individualität war von Anfang an gegen Nachahmung, aber sein Einfluss war lange in der Kunstwelt spürbar, und viele Künstler, die in Padua und Mantua mit ihm verbunden waren, führten seine Traditionen später in gewissem Maße in Verona, Ferrara, Modena und Bologna fort , und Mailand. Jacopo da Montagnana war vielleicht der Meister, der ihm am ähnlichsten war, da einige seiner Werke tatsächlich Mantegna zugeschrieben wurden; Aber Francesco Benaglio , Liberate da Verona, Francesco Moroni, Girolamo dai Libri, Marco Zoppo , Cosimo Tura und Lorenzo da Costa verdankten viel dem Studium seiner Meisterwerke – der letztgenannte, der ihm als Hofmaler in Mantua nachfolgte, reproduzierte in seinem Spätere Kompositionen ähneln etwas dem charakteristischen Stil seines Vorgängers in diesem Amt.

Es wurde sogar behauptet, dass Correggio, der einer seit langem akzeptierten, aber inzwischen in Misskredit geratenen Tradition zufolge der eigentliche Schüler Mantegnas gewesen sein soll, einen großen Teil seiner Inspiration von dem älteren Maler bezog. „Beide Künstler“, sagt Dr. Kristeller in einer gekonnten Untersuchung der Verwandtschaftspunkte zwischen ihnen, „dringen zum Kern des Themas vor, zu den rein menschlichen Gefühlen, die darin schlummern: gleichermaßen sensibel und erhaben im Geiste streben beide mit Begeisterung danach.“ nach einem übermenschlichen Dasein voller gesteigerter Lebensfreude…. Beide streben danach, die Grenzen des Irdischen zu durchbrechen, um sich im unermesslichen Raum den Freiraum für die Kraft und Größe ihrer Figuren zu sichern. Die üppig schwingenden Linien, die ideal schönen Formen von Mantegnas Figuren in seinen späteren Werken, ihr süßer und nachdenklicher Ausdruck ruhiger Glückseligkeit und spiritueller Emotionen werden in Correggios Schöpfungen nur durch die leidenschaftliche Sinnlichkeit seiner eigenen Weltanschauung, durch äußerste Lebendigkeit, verstärkt der Bewegung und durch seine leidenschaftliche Hingabe seines Selbst sowohl an das Sinnliche als auch an das Göttliche. Aber“, fügt der deutsche Kritiker hinzu und bringt hier den wesentlichen Unterschied zwischen der Kunst und dem Charakter der verglichenen Männer zum Ausdruck, „die Sinnlichkeit wurde in Mantegna weder ignoriert noch betont ", denn es gab keine Befriedigung der Sinnlichkeit in Mantegna das Werk des aufrichtigen und ernsthaften Meisters von Mantua, der niemals Leidenschaft um ihrer selbst willen darstellte, sondern mit einer wahren Wertschätzung der Schönheit der physischen Form und der Poesie der Bewegung eine strenge Strenge des Ausdrucks verband, die ihm eigen war. Beide Meister verfolgten das gleiche Schönheitsideal, beide drangen bis ins Innerste ihrer Motive vor, doch die Gemälde Mantegnas sind geistig erhabener als die des weithin bewunderten Nachfolgers, dessen Vorläufer er gewesen sein soll.

Es muss zugegeben werden, dass selbst den größten Kompositionen des mantuanischen Malers ein gewisser Mangel an dramatischer Einheit fehlt; Aber es sollte nicht vergessen werden, dass sein Ziel nicht das gleiche war wie das von Raffael, Tizian, Holbein oder Memlinc . Selbst seine schärfsten Kritiker müssen zugeben, dass er seinen eigenen, wirklich würdigen Ehrgeiz, die Vergangenheit mit der Gegenwart in Kontakt zu bringen und den Weg für diejenigen zu ebnen, die nach ihm kommen sollten, voll und ganz verwirklicht hat . Seine besten Werke zeigen nicht nur vollendete Zeichenkunst , sondern auch eine Fähigkeit, intellektuelle und spirituelle Emotionen zu interpretieren, die unter seinen Zeitgenossen selten war, obwohl sie vielen Meistern des 16. Jahrhunderts in vollem Umfang verliehen werden sollte; und er wird nach Meinung derjenigen, die am meisten urteilen, immer einer der größten ihrer Vorgänger bleiben.

www.ingramcontent.com/pod-product-compliance
Lightning Source LLC
Chambersburg PA
CBHW051409130726
47987CB00007B/2924